27
Ln. 12753.

AF245399

NOTICES NÉCROLOGIQUES

SUR

MM. LIOTARD ET CAZEING.

BIBLIOTHÈQUE IMPÉRIALE
IMPR.

Ln²⁷ 12753

NOTICES NÉCROLOGIQUES

SUR

MM. LIOTARD ET CAZEING,

Lues dans la Séance publique de l'Académie du Gard, tenue le 1er septembre 1860, devant MM. les Membres du Conseil général.

MESSIEURS,

Depuis plusieurs années, nous cherchons par nos publications et nos concours, à mettre en lumière les hommes du département du Gard, qui, par l'éclat de leurs talents et de leurs services, ont mérité l'attention et la reconnaissance du pays.

Nous avons voulu ainsi ne pas encourir le reproche d'indifférence qu'adressait à son siècle le plus grand historien de l'antiquité *incuriosa suorum œtas* [1] et nous avons successivement fait revivre les gloires anciennes, les nobles figures de Bridaine, Florian, Séguier, Saurin et Rivarol.

Aujourd'hui, notre devoir est plus impérieux encore. Ce ne sont plus les annales d'un passé lointain que nous avons à interroger ; nous n'avons plus à exhumer des mémoires injustement oubliées; à entreprendre une œuvre d'érudit pour reconstituer une renommée; ce sont deux contemporains, deux confrères,

-----

(1) Tacite, *Vie d'Agricola*, § 1.

deux amis , qui ont vécu au milieu de nous, au milieu de vous tous , dont nous avons à raconter la vie.

Heureusement pour nous, nous n'aurons besoin que de répéter ce que vous avez déjà entendu , de retracer ce que vous avez vu. Nous ne serons, nous ne voulons être que l'écho de vos sentiments et le miroir fidèle de vos souvenirs.

Agricol Liotard naquit à Avignon , le 3 juin 1780 , c'est-à-dire, à une époque agitée où se préparaient les transformations politiques et sociales qui allaient contrister la patrie , mais qui devaient aussi la renouveler et l'agrandir. A peine avait-il franchi les premières années de l'enfance que ses parents le destinèrent à l'état ecclésiastique , et dirigèrent dans ce sens son éducation. Mais les préoccupations du pays étaient peu favorables aux études patientes et surtout aux études littéraires. Cependant le jeune Agricol y fit de sensibles progrès, et quoique un instinct secret l'avertît que ce n'était pas là sa vocation , soutenu , animé par sa bonne et facile nature, il étudiait avec application et succès les langues anciennes. Il grandissait, il se développait chéri de tous , grâces à l'agrément de son caractère et de sa gaieté vive et douce , lorsque l'école centrale fut fondée. On sait combien le régime en fut incertain et incomplet. Toutefois , on rassembla d'utiles éléments d'instruction. Les sciences exactes , jusques alors trop peu cultivées à Nimes, furent enseignées avec éclat. Liotard devint le disciple de Gergonne et nous dirons (l'éloge sera complet) qu'il se montra digne d'un tel maître.

Ses cours étant à peu près terminés, une occasion se présenta de se faire connaître : le docteur Solimani fut forcé d'interrompre ses leçons de chimie. On trouva dans le jeune Liotard un suppléant si capable et si dévoué que le professeur momentanément absent fut oublié.

C'est qu'il faut se hâter de le dire, puisque le professorat occupe une si grande place dans cette simple et laborieuse vie : le jeune enseignant savait donner les plus fructueuses leçons. Je ne dis pas des leçons pratiques, mais théoriques.

Aussi il répétait souvent à ses élèves ce précepte de Lacroix : « préférez dans l'enseignement les métho- » des les plus générales , et vous reconnaîtrez qu'elles » sont toujours les plus faciles. » A notre avis, il avait pleinement raison. N'y a-t-il pas quelque chose de trop peu élevé dans cette estime qui n'apprécie que le bras qui exécute , ou l'outil qui travaille ? S'il est vrai que l'application pratique est un bienfait, ne faut-il pas aussi penser avec notre confrère que la théorie doit avoir le premier pas, puisqu'elle est l'âme, puisqu'elle est l'intelligence ?

A la fin de sa suppléance, Liotard ne voyant s'ouvrir devant lui aucune carrière , tenta un instant celle de l'enregistrement, qui fut bientôt abandonnée. Il était impérieusement entraîné vers les sciences , vers ces belles sciences que l'illustre auteur de l'*Exposition du système du monde*, appelle les délices des êtres pensants.

Pour les professer utilement et remplir une vocation maintenant tout-à-fait dessinée , il s'attacha successivement au pensionnat de M. Roman, puis à celui de M. Reumont , et en 1815 il fut nommé suppléant de M. Granier, professeur de mathématiques au Lycée, et nommé encore répétiteur d'analyse pour les élèves destinés à l'école Polytechnique ou à St-Cyr. Enfin, Messieurs, il devint maître de pension.

Dans cette nouvelle phase de sa vie, il va trouver surtout l'occasion de montrer avec quel succès il sait communiquer la science et faire aimer le devoir. Nous ne le suivrons pas dans cette longue période qui va de 1817 à 1837. Nous nous bornerons à dire que son établissement fut florissant et qu'il se concilia au plus haut degré l'affection de ses nombreux élèves, qui, aujourd'hui répandus dans les carrières industrielles ou entrés dans la vie des affaires, sont restés ses correspondants, ses hôtes ou ses amis.

Quand il était au milieu d'eux, on peut le dire, il y mettait son cœur et son âme ; il savait susciter l'ardeur en la partageant, consoler les échecs des faibles, hâter le progrès des forts, accroître l'application de tous, tantôt en applaudissant aux succès, tantôt en adressant un léger reproche ou un regard mécontent, et c'était là pour ses disciples un châtiment sévère et le seul dont sa bonté connût l'usage. Il fallait le voir surtout par les belles matinées de printemps, parcourir la plaine voisine, suivi de cette jeunesse vive et empressée, folâtre et respectueuse qu'il entraînait à sa suite vers la science qu'il aimait, qu'il enseignait au grand air : vers la botanique.

A ce mot, je sens que je ne puis plus précipiter mon récit, car entre tant d'arts et de sciences qu'il cultiva, celle-ci fut sa science de prédilection. Il avait toutes les qualités que cette étude réclame : une mémoire étendue, le goût du travail et cet esprit d'observation, cette pénétration que Linnée appelle *acerrimum judicium*, et qui est aussi nécessaire que le savoir pour surprendre les secrets de la nature. Aussi s'y fit-il remarquer par un grand nombre d'hommes versés dans cette science : Decandolle, Raffeneau Delille, Dunal, Audibert, Requien et Martin. La botanique n'était-elle pas d'ailleurs accommodée à son cœur aimant ? Elle ouvre l'âme aux sentiments doux et reconnaissants envers celui dont la main puissante établit les lois mystérieuses de la végétation et nous entoura de tant de merveilles. N'est-ce pas elle qui, inspirant je ne sais quoi de suave et de calme, nous pénètre d'un charme secret en nous rapprochant de la nature dans ce qu'elle a de plus gracieux : les arbustes et les fleurs ?

Qui de vous, Messieurs, ne l'a éprouvé ?

La nature nous offre un attrait irrésistible. Plus on est mêlé aux agitations des cités, plus on a à y remplir des devoirs, quelquefois si multipliés et si tyranniques, plus on aime à se retrouver au milieu des champs, de ces richesses végétales qui sont, pour me servir des fortes expressions d'un philosophe : *comme l'écriture visible de Dieu*. Cette nature, ce grand et beau livre, il ne l'interroge pas de son cabinet ou dans son jardin ; il court l'étudier sur les pentes abruptes et les rochers escarpés de nos Cevennes, et quand il y a rencontré, quand il y a conquis un plante rare, il en étudie curieusement la structure ; il la contemple avec une sorte d'amour semblable à celui d'un père découvrant quelques germes de vertus ou de talent dans le cœur ou l'esprit d'un enfant bien-aimé.

Il était tout entier livré à l'étude de cette science et jouissait de quelques loisirs chèrement achetés, lorsque M. de Lavernède, conservateur de la bibliothèque, nous fut enlevé. Le maire de cette époque, qui était aussi clairvoyant qu'il était courageux, feu M. Troupel, le nomma (¹) en remplacement. Ce choix, dont notre confrère était si digne, le rendit vraiment heureux. C'est là, disons plutôt, c'est ici (²) qu'il va vivre : ce sera son cabinet d'étude, son salon, sa patrie. Il pourra dire comme le royal orphelin du poète :

» Ce temple est mon pays, je n'en connais point d'autre. »

Devenu bibliothécaire, il n'eut plus le temps de continuer l'étude des sciences naturelles ou exactes. L'administration de la bibliothèque lui semblait une chose trop sérieuse pour ne pas y consacrer tout son temps. Aussi, non seulement il a complété le catalogue de 1835 par un supplément (³) considérable qui indique un grand savoir bibliographique, mais encore il ne voulait jamais s'affranchir du soin de bien des détails fastidieux. Il s'y dévouait avec une ardeur infatigable. Il copiait des frontispices, il numérotait, il classait, il plaçait même les récentes acquisitions et étendait à tout son active surveillance.

Cette bibliothèque, à laquelle il vouait tous ses jours et son amour, il ne la quittait plus que pour l'Académie où il se trouvait si bien. Nos réunions, qui se dérobent à l'éclat et à la solemnité, avaient par cela même, un attrait particulier pour sa modestie. Il était assidu à nos séances, toujours prêt à se charger des travaux souvent ingrats ou à communiquer le fruit de ses recherches. Pendant les 42 ans qu'il a appartenu à notre compagnie, il a enrichi nos recueils ou occupé nos

(1) Par arrêté du 15 mai 1848.

(2) L'Académie tient sa séance annuelle dans la salle de la Bibliothèque de la ville.

(3) Ce supplément est sous presse et va paraître avec les additions de M. Ch. Liotard.

séances, d'un grand nombre de mémoires sur les sujets les plus importants et les plus variés : la mesure du temps et les calendriers, la vinification, l'amortissement des dettes, l'*Ibiscus esculentus*, les angles des polygones, les œuvres de Rheticus, le blanchissage par le chlore, dont il fit ici les premiers essais.

Il comprenait que les Académies étaient une institution des plus salutaires : *elles groupent*, comme le dit un esprit supérieur (M. Guizot, 3ᵉ vol. de ses récents mémoires, p. 159), *sous un drapeau pacifique et sans leur imposer aucun joug, aucune unité factice, des hommes, qui sans ce lien resteraient absolument étrangers les uns aux autres, et en les groupant, elles leur procurent à tous avec les plaisirs de généreuses relations, des moyens d'influence et des garanties d'indépendance.* Devenu le doyen de notre Compagnie, il sentit qu'il ne pouvait plus suffire à des travaux actifs, et il réclama la vétérance. Mais tel était le degré d'estime et de vive sympathie qu'il avait trouvée parmi nous, qu'il ne rencontra que des refus à sa demande. Aucun de nous ne consentit à voir s'affaiblir les liens qui l'attachaient à l'Académie.

Et, Messieurs, ce n'est pas seulement pour l'Académie, que M. Liotard a fait preuve d'un si profond dévouement. Celui qu'il a montré pour la ville n'a pas été moindre. J'indiquerai sommairement les diverses circonstances.

Il a été, de 1819 à 1833, membre et secrétaire de la Commission des Travaux publics ; il a fait un cours à l'Athénée créé en 1831, et par d'utiles conseils donnés à l'Ecole de Fabrication, fait remplacer de pénibles arabesques, par les fleurs, qu'il aimait à voir partout ; il a offert de diriger gratuitement un jardin

botanique pour lequel il fit don de ses plantes. Le
jardin fut même improvisé. Mais, disons-le sans accu-
ser l'indifférence de l'autorité municipale ou la mol-
lesse de l'impulsion , la tentative fut stérile... comme
toutes les improvisations. Il a tracé aussi pour la ville
un nivellement général et un plan (1), qui est encore
mis en usage pour les besoins journaliers ; il a fait
plus : dans sa patriotique libéralité, il a donné à la
ville tous les livres scientifiques qu'il possédait, don
précieux, puisqu'il se compose d'ouvrages nombreux
et rares.

Nous venons de suivre M. Liotard dans toutes les
périodes de sa longue vie; maintenant, après l'étude
du professeur, du modérateur de la jeunesse, du savant, de l'académicien et du citoyen dévoué, doit venir celle de l'homme.

Ici surtout, Messieurs , la tache sera douce et facile. Plein d'indulgence pour les défauts des autres,
sévère pour lui même, M. Liotard était simple, mo-
deste, timide même. Cependant malgré cette extrême
douceur de caractère , son âme savait au besoin trouver de l'énergie et surmonter la douleur. Il le montra
surtout à l'époque de la mort de son fils ainé qui lui
donnait de grandes espérances. Qui mieux que celui
qui vous parle en ce moment devait les partager, puis-

---

(1) On peut considérer comme faisant suite au plan d'aligne-
ment les opérations astronomiques au moyen desquelles M. Liotard déterminait, en 1856, l'orientation de la ville de Nimes.
De ces calculs , il résulte que la ligne menée de la rampe du
drapeau de la Tourmagne , au milieu du jambage droit de la
porte d'entrée de l'embarcadère du chemin de fer (avenue Feuchè-
res), décline à l'ouest sur la méridienne du même jambage de 50°
32 ' 43 ".

que c'est à lui que fut confié le soin de développer la
ferme intelligence de ce fils bien-aimé ? Ce malheur ,
suivi de bien d'autres chagrins domestiques sembla-
bles , contrista son cœur de père, mais ne lui ôta pas
le courage de remplir ses nombreux devoirs, dont il
fut toujours l'esclave.

M. Liotard était d'une bonté et d'une obligeance
rares. Certes, c'est bien lui qui comprenait cette réflexion du bon et sage Droz : *souvent il ne reste rien
des services qu'on a reçus ; mais il reste toujours quelque chose de ceux qu'on a rendus.*

Entre mille traits qui pourraient être cités, je n'en
choisirai que deux. Qui de nous n'a été touché de son
empressement , lorsque, dans cette enceinte même, il
avait à satisfaire à une demande que nous lui adres-
sions d'un livre éloigné des regards, et par conséquent
d'une recherche difficile , d'un livre qu'on n'obtenait,
comme la gloire militaire, que par l'escalade ? Il mon-
tait , il cherchait, il trouvait, et il redescendait chargé
de sa lointaine et poudreuse conquête, il était rayon-
nant de joie : il avait obligé.

Autre exemple. Quand on le visitait au milieu de ses
fleurs et de ses arbustes, avec quel empressement, il
offrait même aux indiscrets de partager les plantes
précieuses et rares! Or, Messieurs , quel est celui de
nous qui ignore que les botanistes sont économes de
leurs richesses (tranchons le mot), qui ne connaît leur
jalouse avarice, tandis que pour notre généreux confrère, le plus grand bonheur était celui de donner.

On peut le dire : personne, je crois, n'a eu plus
d'amis que lui. C'est que personne, plus que lui ne
fut ami fidèle et ne comprit mieux ce saint rapproche-
ment du cœur qui, pour me servir des vives expres-

sions de Montaigne , n'est pas seulement « *accoin-*
» *tances et familiarités, mais un sentiment où nos âmes*
» *se mêlent , se confondent d'un mélange si universel*
» *qu'elles effacent et ne retrouvent plus la couture*
» *qui les a jointes.* (¹).»

Ah ! s'il est vrai de dire avec une femme de haute
valeur, Mme Swetchine, *qu'il n'y a dans la vie que ce
qu'on y met*, disons que Liotard avait fait de la sienne
un modèle : il y avait mis la bonté, le désintéresse-
ment, le savoir et cet amour de l'étude qui agrandit
les facultés, épure les sentiments, prévient les tumul-
tueuses pensées de l'ambition et calme toutes les agitations de l'âme. Aussi, Messieurs, la vieillesse n'eut
point chez lui cette teinte chagrine que donnent souvent les années qui nous amènent, comme malgré
nous, une comparaison amère avec la première sai-
son de la vie. La sienne fut un long jour dont rien ne
troubla le cours tranquille et la douce uniformité. A
son heure dernière et devant l'image de cet avenir,
qui nous apparaît souvent sous des couleurs si som-
bres, il souriait encore. C'est qu'en s'interrogeant lui-
même, il était rassuré ; c'est que la pureté de sa
conscience, d'accord avec les consolations de la foi
qu'il recevait en ce moment, ne lui montraient que
des lueurs sereines et amies dans les célestes ho-
rizons qui s'étendaient devant lui.

Ainsi confiant et calme, il s'endormit du sommeil
des justes, le 6 mars 1860, et tel que le patriarche des
anciens jours, le savant octogénaire était entouré de
sa tendre et bonne épouse et de deux générations de

(1) Montaigne , liv. 1, chap. 27 , p. 186.

ses enfants, à qui il n'avait jamais causé de peine que le jour où il leur manqua.

⁂

Dans une sphère bien différente, s'est écoulée l'existence du second académicien dont j'ai à vous entretenir.

Dans une petite ville du comté de Foix, à Saverdun, vivait vers le milieu du XVIIIe siècle , une honnête famille qui y avait souvent reçu les témoignages les moins équivoques de l'estime et de la confiance publiques. Tout entière au travail , au commerce, aux bonnes œuvres , elle cachait au pied des montagnes d'où descend l'Ariége et dans les profondeurs de la vallée qu'il arrose, une existence laborieuse, mais douce encore et surtout honorée.

Ce bonheur ne dura pas longtemps. Un événement grave et qui retentit dans toute l'Europe , en interrompit brusquement le cours. La condamnation de Calas venait d'être prononcée à Toulouse. Ce fut comme le réveil des passions religieuses qui se manifestèrent ardentes dans le haut Languedoc et même parmi les populations jusque-là si calmes de toute la contrée pyrénéenne. Ami de la paix et plein aussi de sollicitude pour son alentour chéri, M. Cazeing, le chef de cette patriarchale maison, le père de notre confrère, résolut de fuir un pays si profondément agité, et qui devait l'être , tant il était voisin de la ville où s'était accompli le drame lugubre. Il vint à Nimes chercher cette tranquillité si nécessaire à sa profession , si conforme à ses goûts.

Jeté loin de sa terre natale , placé encore malgré

les rassurants édits de Malesherbes et de Louis XVI ,
sous la crainte des persécutions, il était souvent livré à
de tristes pensées et il ne jouissait qu'à demi de la fran-
che et sympathique hospitalité qu'il avait rencontrée,
quand la Providence lui donna , le 7 août 1787 , un
fils dont la naissance le consòla, le ranima dans les
épreuves du malheur, et le ramena aux idées d'avenir
et d'espérance.

Il résolut d'élever ce fils, dans toute la sévérité an-
tique , dans le goût des choses sérieuses. Il s'appliqua
surtout à faire germer dans son cœur les sentiments
de droiture et d'abnégation qui l'animaient, mais pour
fortifier et étendre ces premiers enseignements , il
fallait trouver des maîtres capables.

A cette époque, il y en avait fort peu à Nimes , qui
fusseut utilement occupés de diriger la jeunesse et de
donner de ces leçons qui élèvent l'âme et rechauffent
le cœur. Les écoles publiques avaient disparu et
l'instruction toute privée, tout incertaine , était ren-
fermée dans d'assez étroites limites et confinée dans
d'obscurs réduits. Il semblait que dans cette France ,
toute livrée aux discussions politiques , et toute fière
de ses triomphes , il n'y eut plus dé place pour des
études patientes et surtout pour ces belles langues de
l'antiquité qui sont et seront toujours les meilleurs
instruments pour le perfectionnement de la pensée.

Toutefois, le jeune Auguste sentit, malgré l'inférió-
rité de pareils guides , se fortifier sa raison , ses facultés s'étendre et se perfectionner, et quand plus tard
l'école centrale fut ouverte, il eut bientôt comblé les
lacunes de cette première instruction si incomplète
et si défectueuse.

Parvenu à ce moment solennel où l'adolescent

s'interroge pour savoir quelle sera sa destinée , où les volontés providentielles n'apparaissent point encore , le jeune Auguste hésita longtemps, puis réfléchissant que sa carrière était comme frayée d'avance , qu'il en était une surtout, à laquelle il était préparé par des habitudes d'ordre, par l'esprit de prévoyance et de suite dont il avait l'exemple sous ses yeux , dont il avait lui-même la conscience , il choisit la carrière du commerce.

Je n'ai pas besoin de dire longuement à l'assemblée qui m'écoute , qu'il la parcourut avec distinction. Il y apportait les qualités qui assurent le succès : des vues économiques nettes, des prévisions justes des événements à venir et des besoins qui en doivent naître , enfin, Messieurs, la plus grande des qualités : la loyauté dans les relations. Aussi s'étaient-elles rapidement étendues et il avait fini par mériter sur les places où il opérait, le surnom de Cazeing l'intègre.

Bientôt (on le conçoit) il eut, grâce à cette bonne renommée, de larges moyens d'existence.

Dès qu'il sentit ainsi sa position assurée , il eut l'idée de former un établissement , et il eut le rare bonheur de trouver dans l'union qu'il contracta une compagne en qui les agréments physiques s'alliaient aux plus précieuses qualités ; qui avait su comprendre tout ce qu'il y avait de sentiments délicats dans cette nature froide et réservée.

Des jours fortunés s'écoulèrent dans le charme de la vie intime, dans cette admirable concorde, fondée sur un amour mutuel et une préférence réciproque (¹). C'était un constant échange de soins

<hr>

(1) *Vix erunt mirâ concordiâ per mutuam caritatem et invicem se anteponendo.* (Tacite, *vie d'Agricola.*)

délicats et d'affectueuses prévenances. Ce n'était pas seulement l'union de deux cœurs, mais l'assimilation de deux âmes, *cet égoïsme à deux qui est bien le mystère de l'unité humaine dans la dualité* (¹), et si on remarquait d'abord un certain contraste entre la grâce la plus aimable et la raison la plus austère, on reconnaissait bientôt que de ce contraste même naissait, comme dans l'art musical, la plus suave harmonie.

Tout entier à son intérieur et à ses travaux, il n'avait que de courtes heures de loisir pendant lesquelles il se livrait à la méditation et à l'étude ; et comme le côté grave des choses l'attirait surtout, il ne cherchait dans ses lectures qu'un aliment pour sa raison. Jamais il ne s'arrêta à ces fictions légères, à ces peintures frivoles qui n'occupent pas l'esprit, mais le traversent, et quelquefois le pervertissent. Il aurait regardé comme *une paresse déguisée* (²) une lecture qui n'eût pas été profitable et personne ne savait mieux que lui que ce qu'on donne au plaisir on le jette ; ce qu'on donne au travail on le sème.

Ces affections tendres qui faisaient le fond de sa vie et ces travaux silencieux qui s'y mêlaient l'avaient signalé à l'estime de ses concitoyens et au choix de l'autorité.

On l'a dès longtemps remarqué : les vertus privées s'associent et préparent aux vertus publiques. L'homme qui suit dans les affaires habituelles les inspirations d'une conscience droite porte ces inspirations au-delà du foyer domestique. Aussi quand M. Cazeing fut ap-

(1) Fortuné Lavagne, auteur d'un livre de maximes.

(2) Expressions de Montesquieu.

pelé à surveiller la Caisse d'Epargnes (¹), quand il fut nommé administrateur du Mont de Piété, membre de la Commission des Hospices (²), censeur de la Banque, membre du Consistoire, membre du Conseil municipal (³), on reconnut en lui les vues les plus saines, les sentiments les plus élevés ; il avait été façonné d'avance à toutes les fonctions qu'il remplissait. Chaque situation révélait son mérite en l'utilisant et le désignait à une nouvelle épreuve. La plus décisive, celle où il se montra avec le plus d'éclat, fut l'emploi de juge et bientôt de président du tribunal de commerce, où il entra le 20 mars 1822, d'où il ne sortit que le 22 avril 1848.

Ses collègues et les justiciables se rappeleront longtemps le zèle de leur président et ces hautes et vives lumières qui ont laissé de nombreux reflets dans la jurisprudence que nos juges consulaires ont établie ; ils n'oublieront pas surtout, cette sûreté de jugement, cet esprit de ressources qui surmonte les embarras sans violence et même sans effort, cette sagacité qui dans l'antagonisme des intérêts, dans les mille détours de la ruse sait cependant démêler la vérité qu'on voudrait obscurcir.

Après cette présidence quatre fois renouvelée et qui fut récompensée par une flatteuse distinction (la croix de la Légion-d'Honneur), un nouveau suffrage de ses concitoyens le rappela dans les conseils de la cité un instant abandonnés par raison de santé. Il

---

(1) Il fut un des fondateurs en 1829 et fut un des administrateurs de 1829 à 1860.

(2) Nomination du 22 février 1830.

(3) Nommé par ordonnance Royale, octobre 1830, confirmé aux élections de 1831.

BIBLIOTHÈQUE IMPÉRIALE

revint s'y asseoir en 1846 , poussé par l'affection et une certaine analogie de facultés, à côté de celui qui y occupait alors le premier rang et qui montrait à tous, avec l'autorité de sa parole, sa profonde impartialité et sa haute intelligence ([1]).

M. Cazeing fut heureux de retrouver auprès d'un tel ami l'occasion de servir encore son pays.

Les événements de 1848, le surprirent dans l'exercice de ces fonctions. Avec toute l'édilité , pourtant si dévouée de cette époque, il fut emporté dans la tourmente.

Les habitants de St-Jean-du-Gard, sa résidence d'été, eurent la bonne idée et le bon goût de l'appeler à leur Conseil municipal pour le dédommager et le venger , et il leur témoigna sa gratitude en les éclairant de ses salutaires avis.

Il faut pourtant rendre justice, même à la République. Elle lui conserva tous ses emplois, gratuits je n'ai pas besoin de le dire, car il y avait en elle plus de déraison que de violence.

Entre tous ces emplois d'utilité publique et de dévouement , il n'en était pas un qui lui fût plus cher que celui d'Administrateur des Hospices.

Là il eut pareillement l'occasion de faire éclater de grandes qualités. Il sut, par de sages conseils aider ses dignes collègues à faire le meilleur usage des ressources de l'Établissement, dont il s'appliqua à connaître à fond tous les besoins ; souvent même, ne se contentant pas de sa part d'action dans l'œuvre collective de la charité, il continuait de surveiller et de secourir l'indigent après sa sortie de l'hospice , et le

(1) M. F. Girard.

soutenait de ses dons particuliers, lui assurant ainsi une assistance régulière et permanente.

Amené à parler de sa bienfaisance, je rappellerai deux clauses de son testament qui honorent surtout sa mémoire. Il n'a pas voulu seulement laisser un souvenir à ceux qui lui étaient unis par les liens du sang ou par la conformité du culte ; mais il n'a pas oublié les hospices, tous les pauvres de la cité, et a voulu que les cinq curés fussent les distributeurs de ses dons. Ici, Messieurs, il faut louer avec la générosité des dispositions, leur universalité. Pour cet homme de bien, il ne s'agissait que de savoir, si la charité serait bien placée. Sa bonté n'a pas distingué ; ses sentiments chrétiens se sont appliqués à toutes les infortunes.

Osons dire ici toute notre pensée. Je me sens l'esprit assez libre, assez dégagé de la tyrannie des antécédents pour ne pas craindre de la manifester. Ne cherchons pas, Messieurs, à connaître dans quel rang se place celui qui réclame nos secours ou sollicite notre appui, ni comment il formule sa prière ; laissons, comme le dit Fénélon, à Dieu et à la conscience le soin de ces questions, alors, Messieurs, nous pourrons dire que nous savons imiter M. Cazeing, et nous nommer de vrais fils, des fils aînés de la civilisation, qui n'est pas seulement, si je ne me trompe, le progrès dans les sentiers de l'art, mais la marche sûre et constante dans les voies de la concorde et de la pacification.

Pour que ma tâche soit entièrement remplie, j'ai encore à faire connaître l'Académicien et l'homme politique.

Nous l'avouons, Messieurs : notre regretté confrère ne prit jamais qu'une bien faible part à nos travaux, non qu'il n'en reconnût pas l'utilité et qu'il n'attachât pas quelque prix à se rapprocher de concitoyens et d'amis, occupés à maintenir ou à introduire la beauté morale dans la littérature, comme lui-même voulait la saisir et la fixer dans la société, mais c'est que son naturel un peu concentré, lui faisait chercher le perfectionnement de ses facultés, plutôt dans la réflexion et les méditations solitaires, que dans l'échange de la pensée ; c'est encore, parce que, accoutumé aux choses pratiques, il avait moins que nous le goût de ce qui est spéculatif ; et enfin, Messieurs, parcequ'il craignait, par suite d'une excessive modestie, de ne point nous apporter un suffisant tribut. N'est-ce pas cette même modestie qui lui a inspiré le désir qu'il a si formellement exprimé, d'écarter de ses obsèques tout appareil, tout luxe, toute parole et tout bruit ?

Celui qui était ainsi l'ennemi de tout ce qui éclate et retentit ; celui qui était ainsi sage et mesuré, devait savoir refréner ses opinions politiques. Les siennes n'avaient rien d'exagéré ni d'excessif ; elles étaient même empreintes de cette condescendance qui n'a d'autre limite que l'erreur évidente. Il reconnaissait sans peine, que nos opinions tiennent souvent, non point seulement au milieu où nous vivons, mais à la constitution intime de notre être. Elles font comme partie de nous-mêmes, et il n'oubliait jamais, que la modération est la mère et le signe de la fermeté.

Dans cette mobilité de doctrines et de pensées dont nous avons été les témoins, n'est-ce pas une chose vraiment remarquable, que cette constance de notre confrère dans l'amour de l'ordre et de cette sage li-

berté qui n'est nullement le renversement de la loi,
mais l'exercice d'une volonté saine, se mouvant dans
les voies toujours sûres de la raison et de l'expé-
rience ?

Aussi ses adversaires politiques l'honoraient, et le
nom d'homme de bien, d'esprit juste et réfléchi, de
caractère bienveillant, quoique peu démonstratif, ne
lui fut jamais refusé. Du reste, ses sentiments de modération, sa loyauté comme sa raison se peignaient
sur son calme visage et inspiraient à la fois la confiance et le respect.

Mais tout ce rare assemblage de qualités allait
disparaître. Les forces d'Auguste Cazeing déclinaient
rapidement. Des symptômes graves étaient survenus,
et par ces pressentiments du cœur qui dévoilent l'a-
venir plus encore que l'affaissement du corps, il
comprenait que le moment de la séparation appro-
chait. Bossuet l'a dit : l'instant de notre mort révèle
les secrets de notre vie. Combien nous allons avoir à
le louer à son dernier jour !

Entouré de ses amis, de ses affectionnés beaux-frè-
res (¹), de sa tendre épouse, il ne laissait échapper
aucune plainte, aucun regret. Il eut voulu épargner
à tous la douleur, dont il aperçoit les signes mal com-
primés. Son attitude commande la confiance. Il
est supérieur à des émotions qui étaient indignes de
son âme forte, et il semble même que parfois la joie
brille sur ces lèvres muettes et sur ce front mourant.
Pour mieux étouffer les sanglots de la famille qui l'en-
toure, il s'occupe de mille soins divers et des plus
minutieux détails ; on ne voit point en lui l'agonisant,

____

(1) MM. Alphonse et Emile Jalaguier.

mais l'homme d'affaires : il prévoit , il discute , il calcule , il règle , il écrit , on dirait qu'il juge encore.

Enfin le moment suprême arriva (le 26 février 1860); ni les vœux de l'amitié , ni les pleurs de la famille , ni les secours de l'art le plus intelligent, ne purent prolonger cette précieuse existence.

Rien ne fut plus touchant que l'expression des regrets

> De ces filles du Ciel , qui sous le nom de Sœur (1),
> Dans leur virginité sont mères par le cœur (2).

Elles avaient écouté les conseils de sa raison, suivi les inspirations de sa charité , elles allaient recueillir les dons de sa bienfaisance. Un grand deuil se répandit aussi dans toutes les classes de la population ; et devant cette mort prévue depuis bien longtemps, la consternation fut aussi grande que si le coup avait été soudain.

Aussi ses funérailles réunissaient un immense cortége. C'était un dernier et légitime hommage rendu à celui qui , pendant tant d'années et sous des formes si diverses avait montré avec la dignité du caractère et la bonté du cœur, un absolu dévouement aux lois de la justice, au culte de la famille, aux intérêts de la ville et de l'humanité.

Ma tâche est terminée. Je dépose enfin le crayon funèbre, que m'a fait prendre aujourd'hui une loi académique bien rigoureuse ; mais si j'ai été contraint de projeter une teinte sombre sur cette solennité, n'ai-je pas, Messieurs, rempli le devoir qui incombe aux cités

(1) Mmes les religieuses de St-Joseph et Mmes de St-Maur.

(2) M. Flayol , avocat à St-Maximin.

d'acquitter la dette du pays , la dette de la patrie envers les hommes d'élite qui lèguent aux âmes capables
de les comprendre, les traditions du savoir et de la sa-
gesse, et qui sont à la fois une lumière qui nous éclaire,
et un charme pour nos souvenirs? N'ai-je pas été fidèle
à la pensée de l'Académie? car , comme l'a dit un
membre éloquent de nos assemblées législatives [1] :
« Qui se ferme le passé ne saurait s'ouvrir l'avenir, et
» le meilleur moyen de servir d'exemple à ceux qui ne
» sont pas encore , est d'imiter l'exemple de ceux qui
» ne sont plus. »

(1) M. Pagès de l'Ariége.

NIMES. — Typ. CLAVEL-BALLIVET, place du Marché, 8.

www.ingramcontent.com/pod-product-compliance
Lightning Source LLC
Chambersburg PA
CBHW061820060726
47597CB00008B/3290